# Blockchain-Domains

# Wie sie nützen und wie Marken schützen?

**Von Hans-Peter Oswald**

# Vorwort

Traditionelle Domains und Blockchain-Domains besitzen verschiedene Funktionen. Es ist sinnvoll beide Arten von Domains nebeneinander zu verwenden. Wer verhindern will, technologisch abgehängt zu werden, sollte Blockchain-Domains vorsorglich registrieren.

Die Entwicklung der Blockchain-Domains geht weiter. Es kommen stetig neue Funktionen und technische Möglichkeiten hinzu.

Wer verhindern will, dass sein Firmennamen und seine Markennamen missbraucht werden, sollten Blockchain-Domains mit dem Firmenname und den Markennamen registrieren.

**Hans-Peter Oswald**

# Kurze Definition von Blockchain

Die Blockchain ist eine dezentralisierte Datenbank, die es ermöglicht, dass sich viele Nutzer an einem gemeinsamen Buch für Transaktionen beteiligen können, ohne dass eine zentrale Autorität notwendig ist. Jedes Mal, wenn eine Transaktion stattfindet, wird sie in einem Block festgehalten und an die vorherigen Blöcke angehängt. Da jeder Block auf den vorherigen Block verweist, entsteht eine Kette von Blöcken, die Blockchain.

Diese Technologie wurde ursprünglich entwickelt, um die Kryptowährung Bitcoin zu betreiben, wird aber mittlerweile in vielen Bereichen eingesetzt, in denen sicheres und transparentes Aufzeichnen von Daten wichtig ist. Ein Beispiel dafür ist die Verwendung von Blockchains in der Logistikbranche, um den Transport von Waren zu verfolgen, oder in der Landvermessung, um den Besitz von Grundstücken zu dokumentieren.

# Wozu Blockchains?

Blockchains werden hauptsächlich genutzt, um sichere und dezentrale Aufzeichnungssysteme zu erstellen. Durch die Verwendung von Kryptographie und das Konzept des "Konsens", bei dem alle Teilnehmer eines Netzwerks übereinstimmend bestätigen müssen, dass eine Transaktion gültig ist, können Blockchains verwendet werden, um sicherzustellen, dass Daten nicht ohne Genehmigung verändert oder manipuliert werden können.

Einsatzbereiche für Blockchains gibt es in vielen verschiedenen Bereichen, wie beispielsweise:

1. Finanzdienstleistungen: Blockchains können verwendet werden, um Finanztransaktionen zu verarbeiten und zu beschleunigen und um die Sicherheit von Banken und anderen Finanzinstituten zu erhöhen.

2. Supply Chain Management: Blockchains können verwendet werden, um den Nachweis der Echtheit von Produkten und die Herkunft von Rohstoffen zu führen und um die Effizienz von Lieferketten zu verbessern

3. Urheberrecht: Blockchains können verwendet werden, um den Besitz von kreativen Werken zu verfolgen und zu schützen und um sicherzustellen, dass die Rechteinhaber für ihre Arbeit fair entlohnt werden.

4. Wahlen: Blockchains können verwendet werden, um die Integrität von Wahlen zu gewährleisten, indem sie als Wählerverzeichnis und als Aufzeichnungssystem für die Auszählung der Stimmen dienen.

5. Dies sind nur einige Beispiele von vielen möglichen Anwendungsbereichen für Blockchains. In Zukunft werden möglicherweise noch weitere Einsatzbereiche entstehen.

Wir stellen hier die Blockchain-Domains als eine der weiteren Anwendungsmöglichkeiten vor.

# Wikipedia: Blockchain

Eine **Blockchain** (auch *Block Chain,* englisch für
*Blockkette*) ist eine kontinuierlich erweiterbare Liste von
Datensätzen in einzelnen Blöcken.[1][2] Neue Blöcke werden
nach einem Konsensverfahren erstellt und mittels
kryptographischer Verfahren an eine bestehende Kette
angehängt. Jeder Block enthält dabei typischerweise einen
kryptographisch sicheren Hash (Streuwert) des
vorhergehenden Blocks,[2] einen Zeitstempel und
Transaktionsdaten.[3]

Eine Blockchain ist ein Beispiel einer Distributed-Ledger-
Technologie (dezentral geführte Kontobuchtechnologie)
oder DLT[4] und ähnelt in der Funktionsweise dem Journal
der Buchführung. Die Blockchain wird daher auch als
„Internet der Werte" (Internet of values) bezeichnet und
legt die technische Basis für Kryptowährungen wie Bitcoin.

Eine Blockchain kann in der Buchführung genutzt werden,
wenn Einigkeit auf den aktuellen und fehlerfreien Zustand
in einem dezentralen Netzwerk mit vielen Teilnehmern
hergestellt werden muss *(siehe auch: Byzantinischer
Fehler)*. Was dokumentiert wird, ist für den Begriff der
Blockchain unerheblich. Entscheidend ist, dass spätere
Transaktionen auf früheren Transaktionen aufbauen und
diese als richtig bestätigen, indem sie die Kenntnis der
früheren Transaktionen beweisen. Damit wird es
unmöglich gemacht, Existenz oder Inhalt der früheren
Transaktionen zu manipulieren oder zu tilgen, ohne

gleichzeitig alle späteren Transaktionen ebenfalls zu ändern. Andere Teilnehmer der dezentralen Buchführung erkennen eine Manipulation der Blockchain dann an der Inkonsistenz der Blöcke.

☑

# Geschichte

Erste Grundlagen zur kryptografisch abgesicherten Verkettung einzelner Blöcke wurden 1991 von Stuart Haber und W. Scott Stornetta, 1996 von Ross J. Anderson und 1998 von Bruce Schneier und John Kelsey beschrieben.[5] 1998 arbeitete auch Nick Szabo an einem Mechanismus für eine dezentralisierte digitale Währung, die er „Bit Gold" nannte.[6] Im Jahr 2000 entwickelte Stefan Konst eine allgemeine Theorie zu kryptografisch abgesicherten Verkettungen und leitete daraus verschiedene Lösungen zur Umsetzung ab.[5][7]

Das Konzept der Blockchain als verteiltes Datenbankmanagementsystem wurde erstmals 2008 von einer Person oder Personengruppe unter dem Pseudonym Satoshi Nakamoto im White Paper zu Bitcoin beschrieben.[8] Im Jahr darauf veröffentlichte „Satoshi Nakamoto" die erste Implementierung der Bitcoin-Software und startete dadurch die erste öffentlich verteilte Blockchain.

# Eigenschaften

Verkettungsprinzip

    Eine Blockchain ist eine verkettete Folge von Datenblöcken, die über die Zeit weiter fortgeschrieben wird.

Dezentrale Speicherung

    Eine Blockchain wird nicht zentral gespeichert, sondern als verteiltes Register geführt. Alle Beteiligten speichern eine eigene Kopie und schreiben diese fort.

Konsensmechanismus

    Es muss sichergestellt werden, dass eine bei allen Beteiligten identische Kette entsteht. Hierfür müssen zuerst Vorschläge für neue Blöcke erarbeitet werden. Dies geschieht durch Validatoren (die bei Bitcoin „Miner" genannt werden). Dann müssen sich die Beteiligten einigen, welcher vorgeschlagene Block tatsächlich in die Kette eingefügt wird. Dies erfolgt durch ein sogenanntes Konsensprotokoll, ein algorithmisches Verfahren zur Abstimmung.

Manipulationssicherheit

    Durch kryptographische Verfahren wird sichergestellt, dass die Blockchain nicht nachträglich geändert werden kann. Die Kette der Blöcke ist somit unveränderbar, fälschungs- und manipulationssicher.

Transparenz/Vertraulichkeit

    Die auf der Blockchain gespeicherten Daten sind von allen Beteiligten einsehbar. Sie sind deshalb aber nicht unbedingt auch für alle sinnvoll lesbar, denn Inhalte können verschlüsselt abgespeichert werden. Blockchains erlauben so eine flexible Ausgestaltung des Vertraulichkeitsgrads.

Nichtabstreitbarkeit
Durch die Nutzung digitaler Signaturen sind Informationen in der Blockchain speicherbar, die fälschungssicher nachweisen, dass Teilnehmer unabstreitbar bestimmte Daten hinterlegt haben, etwa Transaktionen angestoßen haben.[9]

# Konsensverfahren

Neue Blöcke werden über ein Konsensverfahren geschaffen und anschließend an die Blockchain angehängt.[10] Das populärste Konsensverfahren ist hierbei die Proof-of-Work-Methode; es bestehen jedoch zahlreiche andere Formen, Konsens herzustellen (Proof of Stake, Proof of Space, Proof of Burn, Proof of Activity). Durch die aufeinander aufbauende Speicherung von Daten in einer Blockchain können diese nicht nachträglich geändert werden, ohne die Integrität des Gesamtsystems zu beschädigen. Hierdurch wird die Manipulation von Daten erheblich erschwert. Der dezentrale Konsensmechanismus ersetzt die Notwendigkeit einer vertrauenswürdigen dritten Instanz zur Integritätsbestätigung von Transaktionen.[11]

## Proof of Work

→*Hauptartikel: Proof of Work*

11

Der Proof-of-Work stellt einen Arbeitsnachweis z. B. die Lösung einer mathematischen Aufgabe dar. Das Ergebnis kann hingegen ohne großen Aufwand nachgeprüft werden. Mit diesem Verfahren wird das übermäßige Erzeugen eines neuen Blockes eingeschränkt, indem Rechenarbeit erbracht werden muss.

## Proof of Stake

→Hauptartikel: *Proof of Stake*

Der Proof of Stake stellt einen Nachweis des Anteils am Netzwerk dar. Der Anteil bzw. der „Stake" jedes Teilnehmers wird aus Teilnahmedauer und/oder Vermögen ermittelt und fließt in eine gewichtete Zufallsauswahl ein. Ein deterministischer Algorithmus wählt aus dieser Zahl den Knoten aus, der einen neuen Block hinzufügt.

# Skalierbarkeit

Insbesondere bei der Anwendung als Kryptowährung gibt es in der Praxis Einschränkungen im Zeitverhalten sowie im Kommunikations- und Speicherbedarf. Wer die Glaubwürdigkeit einer Transaktion oder eines Kontostands selbst überprüfen möchte, muss die aktuelle Blockchain bis zurück zum Genesis-Block kennen. Dazu muss jeder Teilnehmer eine vollständige Kopie der bisherigen Buchhaltung speichern. Der immense Speicherbedarf könnte dann mit Archiv-Servern realisiert werden, die als einzige die gesamte Blockchain speichern. Darauf aufbauend arbeiten voll validierende Server, indem sie initial die Blockchain aus den Archivservern laden, aber im Betrieb nur mit einem Teil davon arbeiten. Sie übernehmen die eigentliche Last der anfallenden Buchungen. Teilnehmer könnten dann Software zur vereinfachten Überprüfung von Zahlungen betreiben und von den Servern nur Teilinformationen empfangen.[12]

Die limitierte Rate zur Erzeugung neuer Blöcke und der Indeterminismus des Konsensverfahrens können zu unvorhersehbar langen Bestätigungszeiten führen. Im Proof of Work Verfahren führen Schwankungen der tatsächlich betriebenen Rechenleistung und die dem Prinzip immanente Streuung zu Wartezeiten der Transaktions-Bestätigungen einem Vielfachen des Erwartungswertes. Durch das Anpassen des Schwierigkeitsgrads in hoher Frequenz können diese Schwankungen gering gehalten werden.

### Teilbare Blöcke

Kette aus Block-Headern. Von einem Hashbaum ist der Teilbaum einer Transaktion abgebildet.

Wenn in jedem Block der Hashwert über den vollständigen Vorgänger gespeichert wird, benötigt man jeweils auch den vollständigen Block, um die Lückenlosigkeit der Kette zu überprüfen. Man benötigt also die gesamte

Buchhaltung, auch wenn man nicht an jeder einzelnen Buchung interessiert ist. Um das zu verhindern, werden Hash-Bäume eingesetzt. Anstatt einen Hashwert über den gesamten Block zu bestimmen, kann man auch Hashwerte einzelner Transaktionen errechnen und diese als Hash-Baum organisieren. An der Wurzel des Baumes erhält man damit wieder einen Hashwert, der alle Transaktionen zusammenfassend absichert. Damit kann ein Block-Header erstellt werden, der nur noch den Hashwert des Vorgängers, den Nonce und den Wurzel-Hashwert des eigenen Baums enthält.

Der einzelne Block wird dadurch zwar größer, aber die Lückenlosigkeit der Kette lässt sich jetzt allein anhand der vergleichsweise kleinen Block-Header überprüfen. Diese Header lassen sich also bequem speichern und sind in ihrem Speicherbedarf nicht von der Anzahl der durchgeführten Transaktionen abhängig.

Die Blockchain ist damit eine Reihe von Hashbäumen, bei denen zunächst nur die Wurzel und deren Verkettung von Interesse sind. Möchte eine SPV-Anwendung eine einzelne Transaktion überprüfen, so benötigt sie nur den dafür relevanten Teilbaum, um den Hashwert der Transaktion anhand der Werte dieses Teilbaums bis zur Wurzel überprüfen zu können. Dem voll validierenden Server oder den Archiv-Servern, von dem der Teilbaum bezogen wird, muss nicht vertraut werden. Der Teilbaum stellt mit seinen Hashwerten die überprüfbare Verbindung zwischen der einzelnen Transaktion und dem Block-Header des Blocks, in dem sie gebucht wurde, dar. Dieses Verfahren erlaubt es mit sehr geringem Aufwand, die Gültigkeit einer Buchung zu kontrollieren, ohne die restliche Buchhaltung zu kennen.

Die relativ kleinen Block-Header sind mit ein Grund dafür, dass spezialisierte Hardware extrem effizient für das Mining im Proof of Work eingesetzt werden kann. Es wird für jeden neuen Nonce nur der Hashwert des kleinen Block-Header und nicht des gesamten Blocks berechnet. Der Speicherbedarf ist also sehr gering. Genau das versuchen neuere Hashfunktionen wie scrypt zu vermeiden, indem sie den Speicherbedarf künstlich erhöhen und damit den Einfluss spezieller Hardware auf z. B. die Währung reduzieren.

## Anwendungsbeispiele

### Bitcoin

*Siehe auch:* „Blockchain" im Artikel Bitcoin

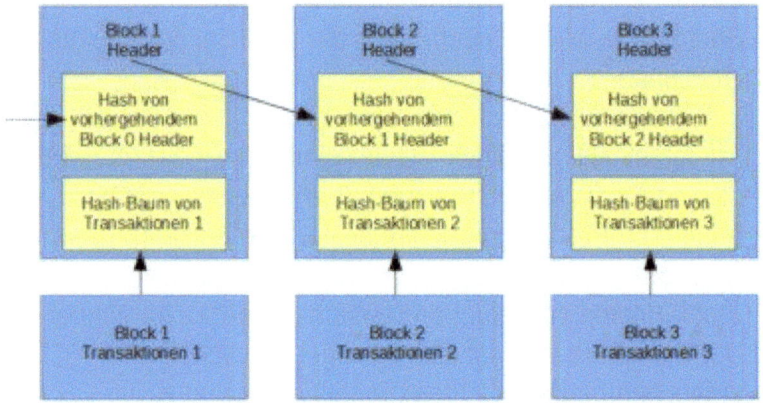

Vereinfachte Bitcoin-Blockchain

Bei Bitcoin besteht eine Blockchain aus einer Reihe von
Datenblöcken, in denen jeweils eine oder mehrere
Transaktionen zusammengefasst und mit einer
Prüfsumme versehen sind, d. h., sie werden jeweils
paarweise zu einem Hash-Baum zusammengefasst. Die
Wurzel des Baumes (auch Merkle-Root, bzw. Top-Hash
genannt) wird dann im zugehörigen Header gespeichert.
Der gesamte Header wird dann ebenfalls gehasht; dieser
Wert wird im nachfolgenden Header abgespeichert. So
wird sichergestellt, dass keine Transaktion verändert
werden kann, ohne den zugehörigen Header und alle
nachfolgenden Blöcke ebenfalls zu ändern.[13]

Die Blockchain von Bitcoin ist die älteste Blockchain. Sie
startete im Januar 2009, hatte Anfang Juni 2019 eine
Größe von ca. 222 GB[14] und lag am 5. Juni 2019 auf ca.

9.516 Knoten[15] redundant und öffentlich zugriffsbereit vor.

## Auditing

Beim Auditing in der Informationstechnik geht es darum, sicherheitskritische Operationen von Softwareprozessen aufzuzeichnen. Dies betrifft insbesondere den Zugriff auf und die Veränderung von vertraulichen oder kritischen Informationen. Das Auditing eignet sich hierbei deshalb für eine Blockchain, weil es relativ geringe Datenmengen produziert und gleichzeitig hohe Sicherheitsanforderungen aufweist.

Eine Blockchain kann hierbei das *Audit-Log* (auch als *Audit-Trail* bezeichnet) vor Veränderung schützen. Zudem sollten die einzelnen Einträge mit einer digitalen Signatur versehen werden, um die Echtheit zu gewährleisten. Ein dezentraler Konsensmechanismus, wie bei Bitcoin, wird nicht zwingend benötigt.[16]

Da einerseits vertrauliche Informationen gespeichert werden und andererseits kein Element der Blockchain gelöscht werden kann, ohne diese ungültig zu machen, kann zudem eine Verschlüsselung der einzelnen Einträge erfolgen.[16] Da die Implementierung von Blockchains derzeit (Stand Mai 2017) mangels einfach zu verwendender Implementierungen sehr aufwändig ist, empfiehlt sich der Einsatz nur für besonders schützenswerte Informationen.

Einsatzbeispiele sind das Auditing bei Systemen für medizinische Informationen (z. B. Elektronische Gesundheitsakte), Verträgen und Geldtransaktionen mit hohem finanziellen Wert, militärischen Geheimnissen, der Gesetzgebung und der elektronischen Stimmabgabe, dem Sicherheitsmanagement kritischer Anlagen oder Daten von Großunternehmen, die unter den Sarbanes-Oxley Act oder ähnliche Richtlinien fallen.

Wie im Juli 2018 bekannt wurde, testen die vier Wirtschaftsprüfungsgesellschaften Deloitte, KPMG, PricewaterhouseCoopers International und Ernst & Young einen Blockchain-Dienst zur Prüfung der Zwischenberichte von Aktiengesellschaften. Ziel ist es, den Wirtschaftsprüfungsunternehmen die Möglichkeit zu geben, die Geschäftsvorgänge durch eine nachvollziehbare und manipulationssichere Datenkette auf dezentrale Weise zu verfolgen, wodurch der Bestätigungsprozess optimiert und automatisiert wird.[17][18]

## Kapitalmärkte

Die Blockchain wird auch als Anwendung in den Kapitalmärkten in Betracht gezogen. Das R3-Konsortium hat mit mehreren Finanzinstitutionen die Plattform *Corda* veröffentlicht, die einen Unterbau für Blockchain-Anwendungen für Kapitalmärkte darstellen soll. Die Plattform soll noch bis 2021 als Pilotprojekt für die E-Krona der Schwedischen Reichsbank, in Zusammenarbeit mit Accenture, im Einsatz stehen.[19]

Die größten Anwendungsgebiete für Kapitalmärkte bestehen im Bereich des Settlement von Aktien und anderen Finanzinstrumenten, der Ausgabe von Konsortialkrediten und der Finanzierung von Unternehmen mit Eigenkapital.

Seit Einführung des elektronischen Wertpapiergesetzes im Juni 2021 ist es möglich, Schuldverschreibungen als Kryptowertpapier auf einer Blockchain zu emittieren. Dazu wurde die neue Finanzlizenz Kryptowertpapierregisterführer eingeführt, die von der BaFin und Bundesbank ausgegeben wird.[20] Die Bundesregierung, bestehend aus SPD, Grüne und FDP, hat mitgeteilt, das Kryptowertpapier auch für Aktien öffnen zu wollen.

## Lieferketten für Lebensmittel

Der Einsatz einer Blockchain, in der die Beteiligten die Transaktionen der Lieferkette gemeinsam dokumentieren, kann hier deutliche Kosten- und Zeiteinsparungen ermöglichen. Eine Blockchain könnte das Misstrauen gegenüber einem zentralen registerführenden Akteur aufheben, da ein Blockchain-Register für alle Teilnehmer zugänglich ist. Die Buchführungs- und Leserechte können dabei gestuft verteilt werden, angepasst an die unterschiedlichen Nutzergruppen und deren Bedürfnisse, wie zum Beispiel Hersteller, Spediteure, Zoll und verschiedene Verbraucher. Somit herrscht keine vollständige Transparenz, die Wettbewerber ausnutzen könnten. Für Endverbraucher können zum Beispiel lediglich Leserechte eingeräumt werden, anhand derer die Herkunft und die gesamte Lieferkette von der Ernte über Verarbeitung, Logistik, Verzollung, Zertifizierung, Lebensmittelüberwachung, den Großhändler bis zum Einzelhandel transparent und überprüfbar nachvollzogen werden können.

Zudem gibt es Automatisierungspotenziale für die einzuhaltenden Dokumentationspflichten: So könnte beispielsweise ein im Container angebrachter Sensor die Temperatur von Lebensmitteln messen, die Messdaten in die Blockchain schreiben und so eine lückenlose Einhaltung der Kühlkette dokumentieren. Würde sie nicht eingehalten, könnte ein entsprechend aufgesetzter Smart Contract automatisch Alarm schlagen.[21]

# Unterschiedliche Sichtweisen auf die Blockchain-Technologie

Die verschiedenen Disziplinen können die Blockchain-Technologie aus sehr unterschiedlichen Blickwinkeln betrachten und bewerten.

Für einen **Informatiker** produziert die Blockchain-Technologie eine einfache Datenstruktur, die Blockchain, die Daten als Transaktionen in einzelnen Blöcken verkettet und in einem verteilten Peer-to-Peer-Netz redundant verwaltet. Die Alternative wäre eine konventionelle Datenbank, die kontinuierlich von allen Teilnehmern repliziert wird.

Für die **Cyber-Sicherheitsexperten** hat die Blockchain-Technologie den Vorteil, dass die Daten als Transaktionen in den einzelnen Blöcken manipulationssicher gespeichert werden können, das heißt, die Teilnehmer der Blockchain sind in der Lage, die Echtheit, den Ursprung und die Unversehrtheit der gespeicherten Daten (Transaktionen) zu überprüfen. Die Alternative wäre hier zum Beispiel ein PKI-System als zentraler Vertrauensdienstanbieter.

Für den **Anwendungsdesigner** bedeutet die Nutzung der Blockchain-Technologie eine vertrauenswürdige Zusammenarbeit zwischen verschiedenen Organisationen, ohne die Einbindung einer zentralen Instanz, eines PKI-Systems, Notars usw. Die Alternative könnte hier ein kostenintensiver Treuhänder sein, der die Zusammenarbeit und Eigentumsübertragung zwischen den verschiedenen Organisationen verwaltet und verifiziert. Da die Blockchain-Technologie dies automatisiert macht, werden durch die vertrauenswürdige Zusammenarbeit die Prozesse auch sehr viel schneller und effektiver.[22][23]

„Die Grundidee des Kerbstocks ist äusserst einfach: Bei dieser genauso primitiven wie raffinierten Technik werden zwei Stöcke nebeneinandergelegt und quer eingeritzt, wobei jede Kerbe einer Schuld entspricht. Der Gläubiger nimmt einen Stock, der Schuldner den anderen. Der Gläubiger wird keine Kerbe hinzufügen und der Schuldner keine beseitigen können, da der Vergleich der zwei Stöcke die Fälschung sofort offenbaren würde.
Ziemlich einfach, oder? Eine uralte, aber auch höchst moderne Technik. Denn die Blockchain – diese Erfindung,

die uns als die grösste Neuheit unserer Zeit erscheint – ist nichts anderes als ein weltweites, auf unzählige Computer ausgeweitetes Kerbholz. Anstelle eines von zwei Personen geteilten Zählstabs haben wir es mit einer Spur zu tun, die auf möglichst vielen Festplatten gespeichert wird, damit das Hinzufügen oder Löschen von Spuren (Blöcken) verhindert wird."

– Maurizio Ferraris

# Kritik / Beurteilungen

Seit Jahren wird öffentliche Kritik von Experten laut, die die Sicherheit und Nutzbarkeit von Blockchain in Frage stellen. Kritisiert werden am häufigsten die geringe Effizienz der langen Datenketten und der hohe Energieverbrauch bei dem für das Erzeugen eines neuen gültigen Blocks häufig eingesetzten Verfahren Proof-of-Work.[25] Neben technischer Kritik von Entwicklerseite warnen auch Fachleute aus der Wirtschafts- und Finanzwelt vor Euphorie für eine „Lösung", der das Problem fehle.[26][27] Die deutsche Expertenkommission Forschung und Innovation sieht in ihrem Gutachten 2019 in der Blockchain-Technologie „hohe Nutzenpotenziale für Unternehmen, Bevölkerung und Verwaltung". Mögliche Anwendungen liegen unter anderem in internationalen Lieferketten und im Stromhandel.[28]

Der Experte für Kryptographie und Computersicherheit Bruce Schneier warnt vor falschem Vertrauen in

Blockchain[29] und dem Mangel an Anwendungsfällen. Er sehe bis jetzt keinen Einsatzzweck für die Blockchain.[30]

„Jedes Unternehmen, das heute auf die Blockchain setzt, könnte eigentlich auf sie verzichten. Niemand hatte jemals ein Problem, für das die Blockchain eine Lösung ist. Stattdessen nehmen die Leute die Technologie und machen sich auf die Suche nach Problemen."

– Bruce Schneier[31]

# Was sind Blockchain-Domains?

Blockchain-Domains sind spezielle Internet-Domains, die auf der Blockchain, einer dezentralen Datenbank, registriert und verwaltet werden. Sie können verwendet werden, um Webseiten und andere Online-Ressourcen auf eine sichere und dezentrale Art und Weise bereitzustellen. Einige Vorteile von Blockchain-Domains sind:

1. Sicherheit: Da sie auf der Blockchain registriert sind, sind Blockchain-Domains weniger anfällig für Angriffe und Manipulationen als herkömmliche Domains.
2. Dezentralisierung: Im Gegensatz zu herkömmlichen Domains, die von zentralen Registrierungsstellen wie Verisign verwaltet werden, werden Blockchain-Domains dezentral von einer Vielzahl von Knoten in einem Netzwerk verwaltet. Dies bedeutet, dass sie nicht von einer einzelnen Partei kontrolliert werden und somit weniger anfällig für Ausfälle sind.
3. Einfache Übertragbarkeit: Blockchain-Domains können leicht von einer Person zu einer anderen übertragen werden, ohne dass dafür eine zentrale Autorität erforderlich ist.
4. Benutzerfreundlichkeit: Im Gegensatz zu kryptographischen Adressen, die für Kryptowährungen verwendet werden, sind Blockchain-Domains leicht zu merken und einfach zu teilen.

# Warum NFT-Domains/Blockchain-Domains?

Für NFT-Domains/Blockchain-Domains zahlen Sie keine jährlichen Gebühren - mit Ausnahme der ETH-Domains. Die Blockchain-Domain gehört wirklich Ihnen. Sie zahlen daher niemals Verlängerungsgebühren. Sie können zahlreiche Namen registrieren, die unter den De-Domains und com-Domains bereits vergriffen sind. Schützen Sie Ihren Namen, Firmennamen und Marke vor Mißbrauch, indem Sie vorsorglich die entsprechende Domain registrieren.

Wir können Ihnen die Registrierung von Domainnamen unter folgenden Adressen anbieten:

.bitcoin
.888
.wallet
.coin
.zil
.crypto
.x
.nft
.dao
.blockchain
.eth

**Ihre NFT-Domain ist Ihre neue Wallet-Adresse**

Ersetzen Sie lange, schwer zu merkende Krypto-Wallet-Adressen durch leicht zu merkende NFT-Domains wie zum IhrName.crypto, IhrSpitznamen.wallet oder IhrPhantasienamen.nft (z.B. tischenfisch.nft)

Wenn Sie bei dem zentralisierten Bankensystem eine IBAN-Nummer falsch angeben, haben Sie noch eine Chance, daß Ihre Bank eine nachträgliche Korrektur vornehmen kann. Wenn Sie bei der aus vielen Zeichen bestehenden Wallet-Adresse einen Fehler machen, bekommen nicht Sie den zu überweisenden Betrag, sondern ein Dritter. Dieser Fehler ist gemäß der Natur der Blockchain unwiderruflich. Das spricht dafür, einen Domainnamen anstelle der langen, nicht merkfähigen alphanumerischen Zeichenkette zu verwenden.

**Ihre NFT-Domain ist Ihre Webseiten URL**

Sie können NFT-Domans auf den Browsern Brave oder Opera wie jede andere Domain verwenden und Seiten aus Web 3.0 auf diesen Browsern entdecken.

Wenn Sie mit Chrome oder Firefox im Internet unterwegs sind, können Sie sich eine Application herunterladen, um dort ebenfalls Ihre NFT-Domain zu verwenden und zu surfen.

# Web 3.0

Wir sind auf dem Weg zum Web 3.0. Der Blockchain gehört die Zukunft. Seien Sie dabei.

Es gibt vier Möglichkeiten, Ihre NFT-Domain/Blockchain-Domain für Webseiten zu nutzen:

◻ Sie können Ihre neue Blockchain-Domain kostenfrei auf eine URL aus dem traditionellen Internet verweisen lassen.

◻ Sie können Ihre neue Blockchain-Domain kostenfrei auf eine bestehende Webseite mit einer anderen Blockchain-Adresse verweisen lassen.

◻ Wir können eine fertige Webseite auf Ihr Konto mit der neuen Blockchain-Domain hochladen. Das Hosting der Webseite ist kostenfrei.

◻ Sie können Secura mit dem Design einer neuen Webseite in Ihrem Konto mit der neuen Blockchain-Domain beauftragen. Das Hosting dieser Webseite ist nach der Programmierung und dem Design der Seite ebenfalls kostenfrei.

Link:
https://www.domainregistry.de/walletdomains.html

# Ethereum, Ether und ETH-Domains

**Ethereum ist im Gegensatz zu manchen anderen Angeboten mehr als eine Krypto-Währung, sondern bietet auch andere Funktionen als Leistung der Blockchain an.**

Ethereum ist eine Open-Source-Blockchain-Plattform, die von Vitalik Buterin entwickelt wurde und es ermöglicht, Smart Contracts zu erstellen und auszuführen. Ethereum wird oft als "Weltcomputer" bezeichnet, da es ermöglicht, dass jeder sogenannte „Smart Contracts" auf der Plattform ausführen kann, was dazu beitragen kann, dass diese dezentralisiert sind.

Die Krypto-Währung der Ethereum Blockchain heißt Ether. Viele Benutzer bewahren ihre Ethereum-Kryptowährung Ether in Ethereum-Wallets auf. Wallets heißen die elektronischen Brieftaschen von Kryptowährungen.

Eine Schätzung von 2020 besagt, dass es etwa 44 Millionen Ethereum-Wallets gibt. Es ist jedoch wichtig zu beachten, dass diese Zahl nicht notwendigerweise der Anzahl der Benutzer entspricht, da ein Benutzer mehrere Wallets besitzen kann.

Es wird erwartet, dass die Nachfrage nach benutzerfreundlichen Wallet-Namen steigen wird, da sich die Nutzung von Peer-to-Peer (P2P) und Mainstream-Anwendungen beschleunigt.

Untersuchungen zeigen, dass die Inhaber von Ethereum-Währungen zu 96 % männlich sind, wobei 49 % in Nordamerika, 38 % in Europa und 5 % aus Asien leben. Dies ist eine technische, zukunftsorientierte Gruppe, die Wert auf Innovation legt und sich aktiv für verbesserten Zugang, Nutzung, Vertrauen und Sicherheit im Internet einsetzt.

Die Marktkapitalisierung oder der Gesamtwert von Ethereum beträgt laut Coinmarketcap im Januar 2023 154 Milliarden USD. Damit belegt Ethereum den Platz 2 unter den Kryptowährungen – nach Bitcoin.

Große Einzelhandelsorganisationen wie Overstock und Shopify akzeptieren Ethereum jetzt nicht nur für sich selbst, sondern in ihrem gesamten E -Commerce-Plattform für Online-Shops und Point-of-Sale-Systeme im Einzelhandel.

Der aussagekräftige Name unter der ETH-Domain bietet Kunden die Sicherheit, die sie bei der Durchführung von Transaktionen benötigen. Das Wachstum in anderen Segmenten der Ethereum-Plattform wie Smart Contracts und dezentrale Anwendungen (DApps) nimmt in einer Reihe von Branchen, von Banken bis hin zu

Abstimmungen, weiter an Fahrt auf, da die Vorteile der Blockchain-Technologie genutzt werden.

Smart Contracts sind einfach Verträge, die genau so ausgeführt werden, wie sie von ihren Erstellern eingerichtet wurden, und können selbstausführende oder sich selbst durchsetzende Klauseln enthalten.

Immer mehr Unternehmen akzeptieren Ether als Zahlungsmittel: von Einzelhändlern wie Overstock über E-Commerce-Plattformen wie Shopify bis hin zu neuen Frameworks, die von Technologiegiganten wie Microsoft und J.P. Morgan Chase entwickelt werden.

**Markenschutz**

Wie in jeder neuen Branche gibt es jedoch immer Einzelpersonen, die bereit sind, ein Risiko einzugehen, um sich bekannte Markennamen zu sichern. Das Risiko ist real.

Unter den Eth-Domains waren bereits 2018 über 3.000 im Trademark Clearinghouase aufgeführte Namen registriert, darunter Marken, Firmen-, Prominenten- und Produktnamen.

Es ist wahrscheinlich, dass nur wenige von den zugrunde liegenden Markeninhabern stammten. Wenn Ihnen Ihr Markenname wichtig ist, ist es jetzt an der Zeit, ihn zu schützen und gleichzeitig für die geschäftlichen Anforderungen von morgen zu sichern.

## Wallets

Bis heute wurden über 41 Millionen Ethereum-Identifikatoren, allgemein bekannt als Hashes, generiert. Viele sind für Ethereum-basierte Wallets – mit über 26 Millionen Krypto-Wallets, die derzeit verwendet werden.

Erstellen Sie einen einfachen, lesbaren .ETH-Namen anstelle einer 42-stelligen Wallet-Adresse („myname.eth" anstelle von „0x466f6de234aeca0e1a…"), mit dem Sie Gelder einfacher auf Peer-to-Peer-Basis (P2P) oder an Unternehmen überweisen können

Schritt eins: Sie als Kunde kaufen eine ETH-Domain: zum Beispiel george.eth

Schritt zwei: Die Secura GmbH verknüpft die ETH-Domain sicher mit Ihrer bestehenden 40-stelligen Wallet-Adresse (0x466f6de23…).

Ergebnis: Sie können jetzt Token in Ihre Brieftasche senden und empfangen, indem Sie einfach die Adresse george.eth verwenden.

## Smart Contracts

Blockchain ist die neueste technologische Entwicklung, die die Tech-Welt im Sturm erobert, und mit ihr kommt

Innovation in Form einiger erstaunlicher Anwendungen, wie „Smart Contracts".

 Intelligente Verträge sind digitale Verträge, die Ihnen helfen, Geld, Eigentum, Aktien oder andere Wertgegenstände auf transparente, konfliktfreie Weise auszutauschen und gleichzeitig die Dienste eines Mittelsmanns zu vermeiden, um sicherzustellen, dass die Transaktion erfolgreich abgeschlossen wird.

Eine der coolsten Funktionen von Smart Contracts ist, dass sie nicht nur die Regeln und Strafen für eine Vereinbarung definieren, sondern diese Verpflichtungen auch automatisch durchsetzen. Mit der ETH-Domain haben Sie nun die Möglichkeit, eine einfache, lesbare ETH-Domain für Ihren Smart Contract zu erstellen. Dies erleichtert das Teilen, indem Sie Ihren Parteien eine ETH-Domain anstelle einer 42-stelligen Adresse zur Verfügung stellen, z. B. mycontract.eth anstelle von 0x466f6de234aeca0e1ae952588a6f908 ...

### DApps

Die Ethereum-Blockchain ist so viel mehr als eine Kryptowährung. Es ist die Plattform, auf der neue Produkte (z. B. Wallets) und Dienste wie Smart Contracts und DApps (kurz für „Decentralized Apps") laufen können. DApps sind Anwendungen, die niemandem gehören, nicht heruntergefahren werden können, keine Ausfallzeiten haben und über den eingebauten Distributed-Ledger-

Konsensmechanismus verfügen, um sicherzustellen, dass keine Zwischenhändler benötigt werden.

## Entwickler

Für innovative Unternehmen, Unternehmer und technologiegetriebene Einzelpersonen strahlt Blockchain eine neue Art von Hoffnung und Erlösung aus, um das Geschäft und die Welt besser zu machen.

Anwendungsentwickler, digitale Unternehmen und aufstrebende Disruptoren verstehen die Bedeutung und den Wert von Unternehmen, die durch Blockchain neu gestaltet wurden.

Tatsächlich betrachten 72 % der Unternehmen Blockchain als eine der Top 5 kritischen oder wichtigen strategischen Prioritäten und überdenken und ermöglichen neue Handelsformen, die auf einer Welt verifizierter Authentizität bei digitalen B2B- und B2C-Transaktionen basieren.

Die Vereinten Nationen, Overstock, Shopify, J.P. Morgan Chase und Microsoft sind nur einige der bekannten Organisationen und Firmen, die Ethereum jetzt nutzen, und die Nachfrage wird voraussichtlich steigen.

Innerhalb des nächsten Jahres erwarten 39 % der Top-Unternehmen, 5 bis 10 Millionen US-Dollar in Blockchain-Projekte in den Bereichen Lieferkette, Zahlungen, IoT,

digitale Identität, digitale Aufzeichnungen und digitalen
Geldwechsel zu investieren.

Angesichts des beispiellosen Niveaus an Innovation,
Wachstum und Möglichkeiten ist es leicht zu verstehen,
warum praktische, personalisierte ETH-Domains für
Unternehmen von entscheidender Bedeutung sind.

# Warum ETH-Domains?

Ethereum Name Service hat sein Konzept umgesetzt, 42-Zeichen-Adressen von Wallets durch Domainnamen unter .eth als öffentliche Kennung zu ersetzen. Ethereum hat im Januar 2023 rund 2,8 Millonen Eth-Domains registriert. Der Vorteil von .eth ist, dass Besitzer dieser Kryptowährung die 42-stelligen Adressen, die nicht merkfähig sind, durch einen Namen wie ben.eth ersetzen können und die kurze Adresse ben.eth für alle Transaktionen verwenden können.

Sie können zahlreiche Namen registieren, die unter den De-Domains und com-Domains bereits vergriffen sind. Schützen Sie Ihren Namen, Firmennamen und Marke vor Mißbrauch, indem Sie vorsorglich die entsprechende Domain registrieren.

**Ihre ETH-Domain ist Ihre neue Wallet-Adresse**

Ersetzen Sie lange, schwer zu merkende Krypto-Wallet-Adressen durch leicht zu merkende ETH-Domains wie zum IhrName.eth, IhrSpitznamen.eth oder IhrPhantasienamen.eth (z.B. tischenfisch.eth)

Sie können Ihre ETH-Domain nicht nur für Ethereum verwenden, sondern für Wallets von allen Kryptowährungen.

**Ihre ETH-Domain ist Ihre Webseiten URL**

Sie können ETH-Domans auf Brave oder Opera wie jede andere Domain verwenden und Seiten aus Web 3.0 auf diesen Browsern entdecken.

Wenn Sie mit Chrome oder Firefox im Internet unterwegs sind, können Sie sich eine Application herunterladen, um dort ebenfalls Ihre ETH-Domain zu verwenden und zu surfen.

**Smart Contracts**

Blockchain ist die neueste technologische Entwicklung, die die Tech-Welt im Sturm erobert, und mit ihr kommt Innovation in Form einiger erstaunlicher Anwendungen, wie „Smart Contracts". Intelligente Verträge sind digitale Verträge, die Ihnen helfen, Geld, Eigentum, Aktien oder andere Wertgegenstände auf transparente, konfliktfreie Weise auszutauschen und gleichzeitig die Dienste eines Mittelsmanns zu vermeiden, um sicherzustellen, dass die Transaktion erfolgreich abgeschlossen wird. Eine der coolsten Funktionen von Smart Contracts ist, dass sie nicht nur die Regeln und Strafen für eine Vereinbarung definieren, sondern diese Verpflichtungen auch automatisch durchsetzen. Mit der ETH-Domain haben Sie nun die Möglichkeit, eine einfache, lesbare ETH-Domain für Ihren Smart Contract zu erstellen. Dies erleichtert das Teilen, indem Sie Ihren Partnern eine ETH-Domain anstelle einer 42-stelligen Adresse zur Verfügung stellen, z. B. mycontract.ETH anstelle von 0x466f6de234aeca0e1ae952588a6f908 ...

## DApps

Die Ethereum-Blockchain ist so viel mehr als eine Kryptowährung. Es ist die Plattform, auf der neue Produkte (z. B. Wallets) und Dienste wie Smart Contracts und DApps (kurz für „Decentralized Apps") laufen können. DApps sind Anwendungen, die niemandem gehören, nicht heruntergefahren werden können, keine Ausfallzeiten haben und über den eingebauten Distributed-Ledger-Konsensmechanismus verfügen, um sicherzustellen, dass keine Zwischenhändler benötigt werden.

Wenn Sie ein Entwickler oder ein zukunftsorientierter Unternehmer sind, der erwägt, eine DApp zu erstellen, ist eine ETH-Domain sinnvoll.

Link:
https://www.domainregistry.de/ethdomains.html

# Blockchain-Domains: Der Schutz von Marken als Herausforderung

**Der Schutz von Marken unter Domains ist stets eine Herausforderung gewesen. Angebote wie AdultBlock und DPML sorgen inzwischen dafür, dass Marken unter vielen Domains kostengünstig geschützt werden können.**

Die neuen Blockchain-Domains sind ganz besonders für den Schutz von Marken eine Herausforderung. Die Welt der Kryptowährungen und Blockchains ist eine eigene Szene.

Ein Bezug zu dieser Szene entsteht oft erst dann, wenn es zu spät ist und die Marke von Dritten als Blockchain-Domain verwendet wird. Wer glaubt, dass er nachträglich klagen kann, wird eines Besseren belehrt werden. Ein Merkmal der Blockchain-Domains ist die Anonymität des Registranten.

Die Einstellung, dass die Registrierung einer Marke unter einer Blockchain-Domain keine Rolle spielt, wird spätestens dann als Fehleinschätzung entlarvt, wenn die IT-Techniker verkünden, dass die Firma jetzt auch in die Blockchain-Technologie einsteigt. Die bestmöglichen Namen für eine

Blockchain-Domain sind der Firmenname und Markennamen. Sie stehen bei Missbrauch der Namen als Domain durch Dritte für Wallets, Smart Contracts, DApps und andere Anwendungen nicht mehr zur Verfügung. Dem gilt es vorzubeugen.

Einzig sichere Möglichkeit ist die vorsorgliche Registrierung des Firmennamens und wichtiger Marken unter den verschiedenen Blockchain-Domains.

Die Secura GmbH kann die Registrierung von Domainnamen unter folgenden Domainendungen anbieten:

.eth

.bitcoin

.888

.wallet

.coin

.zil

.crypto

.x

.nft

.dao

.blockchain

Mit Ausnahme der Eth-Domains sind die Registrierungskosten der Blockchain-Domains nur einmalig. Eine Zahlung kann ein für allemal das Problem der Schädigung der Markenreputation und des Markenmißbrauchs lösen.

Links:

https://www.domainregistry.de/adult-domains.html

https://www.domainregistry.de/dpml.html

https://www.domainregistry.de/walletdomains.html

https://www.walletdomains.de

https://www.domainregistry.de/ethdomains.html

# Nachteile von Blockchain-Domains

Kosten: Im Vergleich zu herkömmlichen Domains erscheinen die Kosten von Blockchain-Domains manchmal größer, besonders wenn es sich um kurze Blockchain-Domains handelt.

Dabei ist zu bedenken, dass – von den ETH-Domains abgesehen- die Kosten nur einmalig anfallen.

Folgende tatsächliche Nachteile kann man sehen:

1. Geringere Verbreitung: Da Blockchain-Domains noch eine relativ neue Technologie sind, werden sie von weniger Nutzern als das herkömmliche DNS-System unterstützt, was ihre Verbreitung und Nutzbarkeit einschränkt.
2. Schwierigere Konfiguration: Die Konfiguration von Blockchain-Domains kann für manche Nutzer schwieriger sein als die von herkömmlichen Domains, da sie etwas technische Kenntnisse erfordern.
3. Eingeschränkte Funktionalität: Im Vergleich zu herkömmlichen Domains gibt es für Blockchain-Domains noch nicht so viele Tools und Dienste, die ihre Funktionalität erweitern.
4. Höhere Latenz: Da die Blockchain-Domains auf einem dezentralen Netzwerk basieren, kann es zu höheren Latenzen kommen, wenn auf sie

zugegriffen wird, im Vergleich zu herkömmlichen Domains, die auf zentralen Servern gehostet werden.

5. Webseiten mit Blockchain-Domains werden von Google und anderen Suchmaschinen noch nicht gelistet. Blockchain-Domains besitzen daher zur Zeit für das Internet-Marketing keinen Wert.

Traditionelle Domains und Blockchain-Domains besitzen verschiedene Funktionen. Es ist sinnvoll beide Arten von Domains nebeneinander zu verwenden. Wer verhindern will, technologisch abgehängt zu werden, sollte Blockchain-Domains vorsorglich registrieren.

Die Entwicklung der Blockchain-Domains geht weiter. Es kommen stetig neue Funktionen und technische Möglichkeiten hinzu.

Wer verhindern will, dass sein Firmennamen und seine Markennamen missbraucht werden, sollten Blockchain-Domains mit dem Firmenname und den Markennamen registrieren.

**Impressum:**
Bibliografische Information der Deutschen
Nationalbibliothek:
Die Deutsche Nationalbibliothek verzeichnet diese
Publikation in der Deutschen Nationalbibliografie;
detaillierte bibliografische Daten sind im Internet über
dnb.dnb.de abrufbar.

Herstellung und Verlag: BoD – Books on Demand,
Norderstedt

ISBN Nummer: 9783757800079

Links:

https://www.domainregistry.de/adult-domains.html

https://www.domainregistry.de/dpml.html

https://www.domainregistry.de/walletdomains.html

https://www.walletdomains.de

https://www.domainregistry.de/ethdomains.html